GESCHWIND, GESCHWIND, DIE KACKE RINNT!

RBM PUBLISHING

Dieses Kack-Buch gehört:

© 2025 Hans Wurst
Alle Rechte vorbehalten

Herausgeber: RBM Publishing
Autor: Hans Wurst

Umschlaggestaltung und Buchsatz:
Daniela Patricia Brenner von deincoverdesign

Kontakt: Belinda Derflinger, Auergütlweg 10,
4030 Linz, rbm.publishing@gmx.at

ISBN: 978-3-903505-81-0 (Taschenbuch)

So geht´s

Klo-doku:

Jede Zahl (1-9) darf in jeder Reihe, Spalte und in jedem 3x3-Quadrat nur einmal vorkommen.
Einige Zahlen sind bereits vorgegeben, die dir beim Lösen helfen.

Klo-nogram:

Das Rätsel besteht aus einem rechteckigen Gitter, in dem Kästchen ausgemalt oder leer bleiben.
Neben jeder Reihe und Spalte stehen Zahlen, die angeben, wie viele zusammenhängende, gefüllte Kästchen in dieser Reihe oder Spalte vorhanden sind.
Beispiel: Die Zahlen „3 2" bedeuten, dass es zuerst drei gefüllte Kästchen gibt, dann mindestens ein leeres Kästchen, gefolgt von zwei gefüllten Kästchen.
Die Zahlen müssen in der angegebenen Reihenfolge und mit mindestens einem leeren Kästchen zwischen den Gruppen angeordnet werden.

Klo-toshiki

In jedem Feld musst du die Zahlen von 1 bis x (z. B. 1 bis 5 in einem 5x5-Rätsel) verwenden, wobei jede Zahl in jeder Zeile und Spalte nur einmal vorkommen darf. Neben den Kästchen sind Größer-als- und Kleiner-als-Zeichen (> oder <) platziert, die angeben, dass eine Zahl größer oder kleiner als die benachbarte Zahl sein muss.

Klo-kuro

Das Rätsel besteht aus einem Gitter mit leeren Kästchen, die durch dicke Linien in senkrechte und waagerechte Bereiche unterteilt sind. Du musst die Kästchen mit den Zahlen 1 bis 9 füllen. Neben den Bereichen stehen Summen, die angeben, welche Gesamtzahl die Zahlen in diesem Bereich ergeben müssen. Jede Zahl darf in einem Bereich nur einmal vorkommen.
Zum Beispiel: Wenn neben einem horizontalen Bereich die Zahl „15" steht, müssen die Zahlen in diesem Bereich so addiert werden, dass sie 15 ergeben.

Klo-link

In einigen Kästchen befinden sich Zahlen, die angeben, wie viele Linien die angrenzenden Kästchen umgeben. Du musst die Linien so ziehen, dass der Weg geschlossen und durchgehend ist und die angegebene Anzahl an angrenzenden Linien hat. Die Linien dürfen sich nicht kreuzen und dürfen nicht überlappen.

Klo-suchrätsel

Das Rätsel besteht aus einem Quadrat oder Rechteck, das mit Buchstaben gefüllt ist. Unter dem Gitter findest du eine Liste von Wörtern, die du suchen sollst. Die Wörter können horizontal, vertikal, diagonal und rückwärts angeordnet sein. Wenn du ein Wort gefunden hast, kannst du es markieren oder durchstreichen.

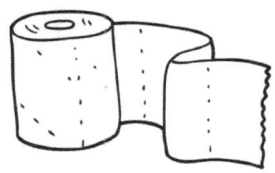

Kreuz-Klo-Rätsel

Bei diesem Rätsel trägst du Begriffe in ein Gitter aus leeren Kästchen ein. Die Hinweise oder die Fragen geben dir Informationen, welche Wörter gesucht werden. Die Wörter kreuzen sich manchmal horizontal und vertikal im Gitter, wobei einige Buchstaben geteilt werden. Das Ziel ist, alle Wörter korrekt einzutragen, um das Lösungswort zu entschlüsseln.

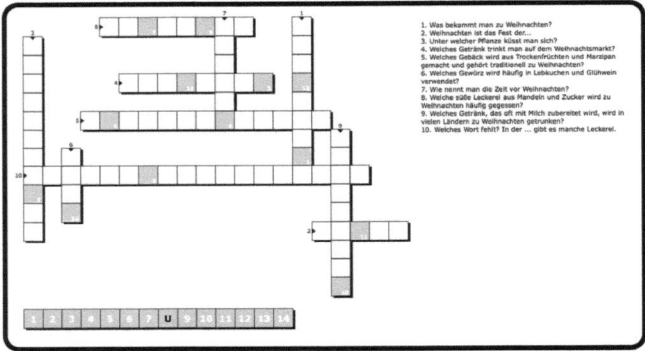

1. Was bekommt man zu Weihnachten?
2. Weihnachten ist das Fest der...
3. Unter welcher Pflanze küsst man sich?
4. Welches Getränk trinkt man auf dem Weihnachtsmarkt?
5. Welches Gebäck wird aus Trockenfrüchten und Marzipan gemacht und gehört traditionell zu Weihnachten?
6. Welches Gewürz wird häufig in Lebkuchen und Glühwein verwendet?
7. Wie nennt man die Zeit vor Weihnachten?
8. Welche süße Leckerei aus Mandeln und Zucker wird zu Weihnachten häufig gegessen?
9. Welches Getränk, das oft mit Milch zubereitet wird, wird in vielen Ländern zu Weihnachten getrunken?
10. Welches Wort fehlt? In der ... gibt es manche Leckerei.

Hier findest du die Lösungen.

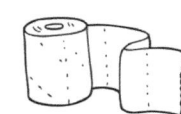

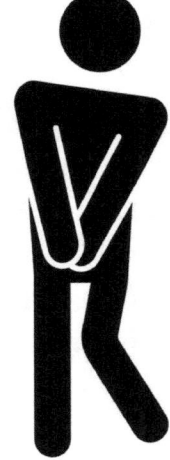

Sitzungsprotokoll

Datum:

Zeichne dein Meisterwerk

geschätztes Gewicht:

○———————○

geschätzter Durchmesser:

○———————○

Sitzungslänge:

Wie war deine Sitzung?

☐ aufregend

☐ kurios

☐ langwierig

☐ mühsam

☐ entspannt

☐ _____

Sitzungsbewertung:

☆☆☆☆☆

Konsistenz:

☐ Sprühwurst

☐ Darm-Deluxe

☐ Briketthaufen

Unterschrift:

			7	5				
3			1			9	2	
		8		9	6	1		
4		9			7		6	
	1			6			7	
	2		4			5		8
		1	5	3		4		
	3	2			8			5
				7	1			

6		7	8					
2	8		7		3			9
				6	2		1	
		5					9	6
		4				1		
1	6					7		
	5		6	2				
4			5		9		3	8
					1	6		4

TOILETTENPAPIER
beidseitig benutzen!

Der Erfolg liegt auf der Hand.

Sitzungsprotokoll

Datum:

Zeichne dein Meisterwerk

geschätztes
Gewicht:

geschätzter
Durchmesser:

Sitzungslänge:

Wie war deine Sitzung?

- ☐ aufregend
- ☐ kurios
- ☐ langwierig

- ☐ mühsam
- ☐ entspannt
- ☐

Sitzungsbewertung:

☆☆☆☆☆

Konsistenz:

- ☐ Sprühwurst
- ☐ Darm-Deluxe
- ☐ Brikethaufen

Unterschrift:

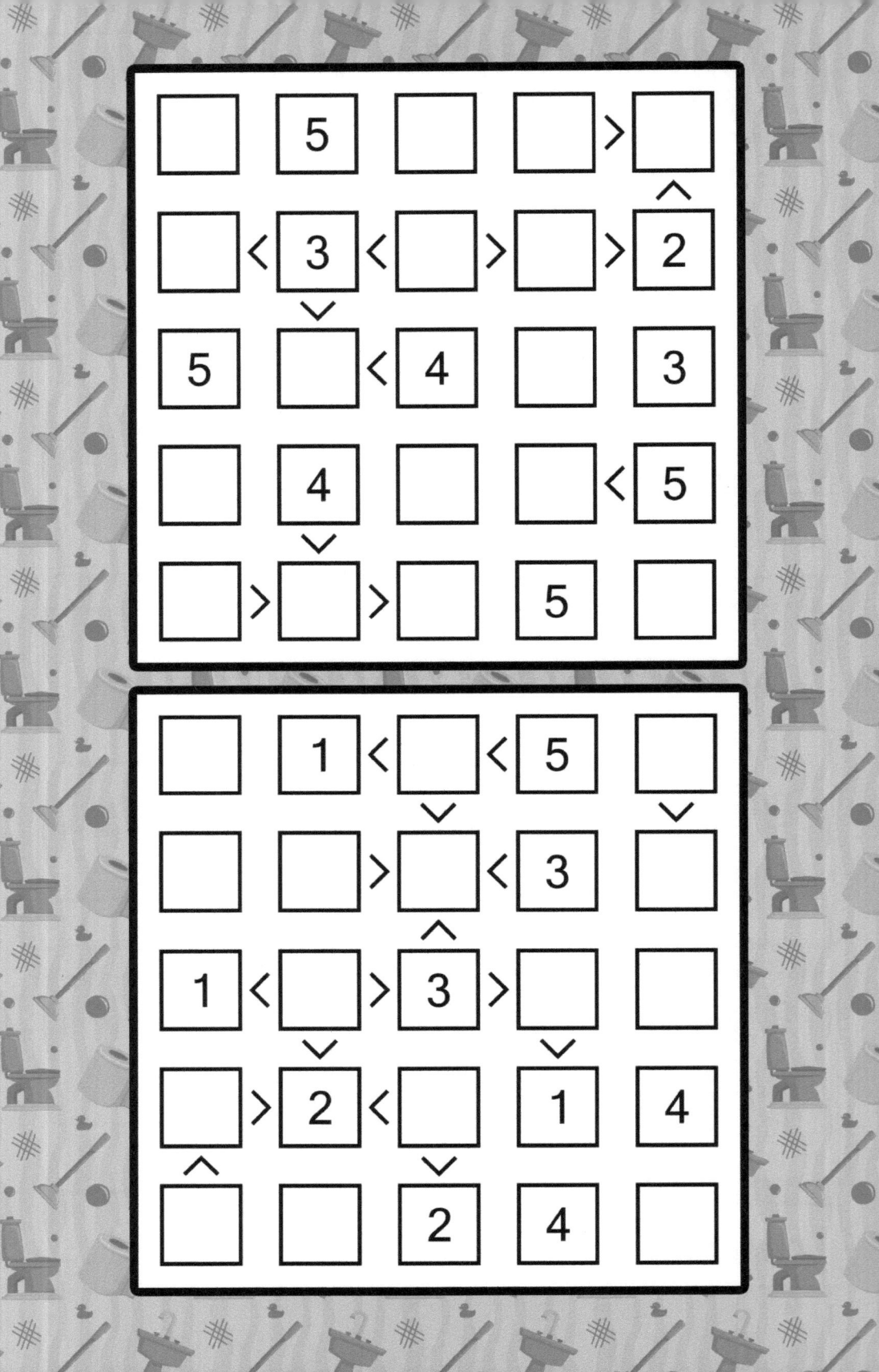

Sitzungsprotokoll

Datum:

Zeichne dein Meisterwerk

geschätztes Gewicht:

○————————○

geschätzter Durchmesser:

○————————○

Sitzungslänge:

Wie war deine Sitzung?

- ☐ aufregend
- ☐ kurios
- ☐ langwierig

- ☐ mühsam
- ☐ entspannt
- ☐ _____

Sitzungsbewertung:

☆ ☆ ☆ ☆ ☆

Unterschrift:

Konsistenz:

- ☐ Sprühwurst
- ☐ Darm-Deluxe
- ☐ Briketthaufen

R	G	P	Y	A	L	E	O	L	F	I	E	Q	P	B	D	Q	S
M	W	W	D	V	G	L	S	T	X	M	L	D	Z	V	F	V	F
R	I	D	X	C	S	O	W	M	E	D	H	O	K	D	K	M	Z
U	M	R	L	H	R	K	I	C	N	Q	U	N	M	Q	R	D	F
H	D	X	X	U	N	U	Y	T	I	D	C	N	F	E	H	R	Y
F	X	H	B	S	H	S	Q	Z	F	T	Z	E	F	X	X	M	P
X	Y	N	Z	J	D	X	G	W	G	O	P	R	N	W	R	O	F
Q	L	V	S	W	T	J	V	F	W	I	P	B	B	S	X	U	I
F	V	Y	C	W	I	O	H	I	D	L	L	A	R	C	Q	Z	W
S	X	G	Q	J	R	F	S	R	A	E	L	L	F	H	P	O	I
F	J	J	F	N	V	P	X	Q	D	T	B	K	P	E	I	K	P
S	B	Z	X	R	P	F	O	L	P	T	D	E	I	I	S	L	M
I	J	G	I	C	O	I	W	K	I	E	Y	N	S	S	S	O	G
S	U	Z	R	P	L	U	M	P	S	K	L	O	S	S	R	S	P
Q	H	A	E	U	S	L	E	M	L	N	V	D	O	H	I	E	P
T	Y	J	A	I	B	X	W	R	B	D	W	X	I	A	N	T	G
B	N	K	L	O	K	G	R	F	M	M	H	R	R	U	N	T	N
S	N	U	N	B	R	G	W	K	B	Y	B	G	Y	S	E	T	M

Diese Wörter sind versteckt:

1 KLOSETT

2 SCHEISSHAUS

3 DONNERBALKEN

4 PISSRINNE

5 TOILETTE

6 KLO

7 LOKUS

8 PLUMPSKLO

9 PISSOIR

10 HAEUSLE

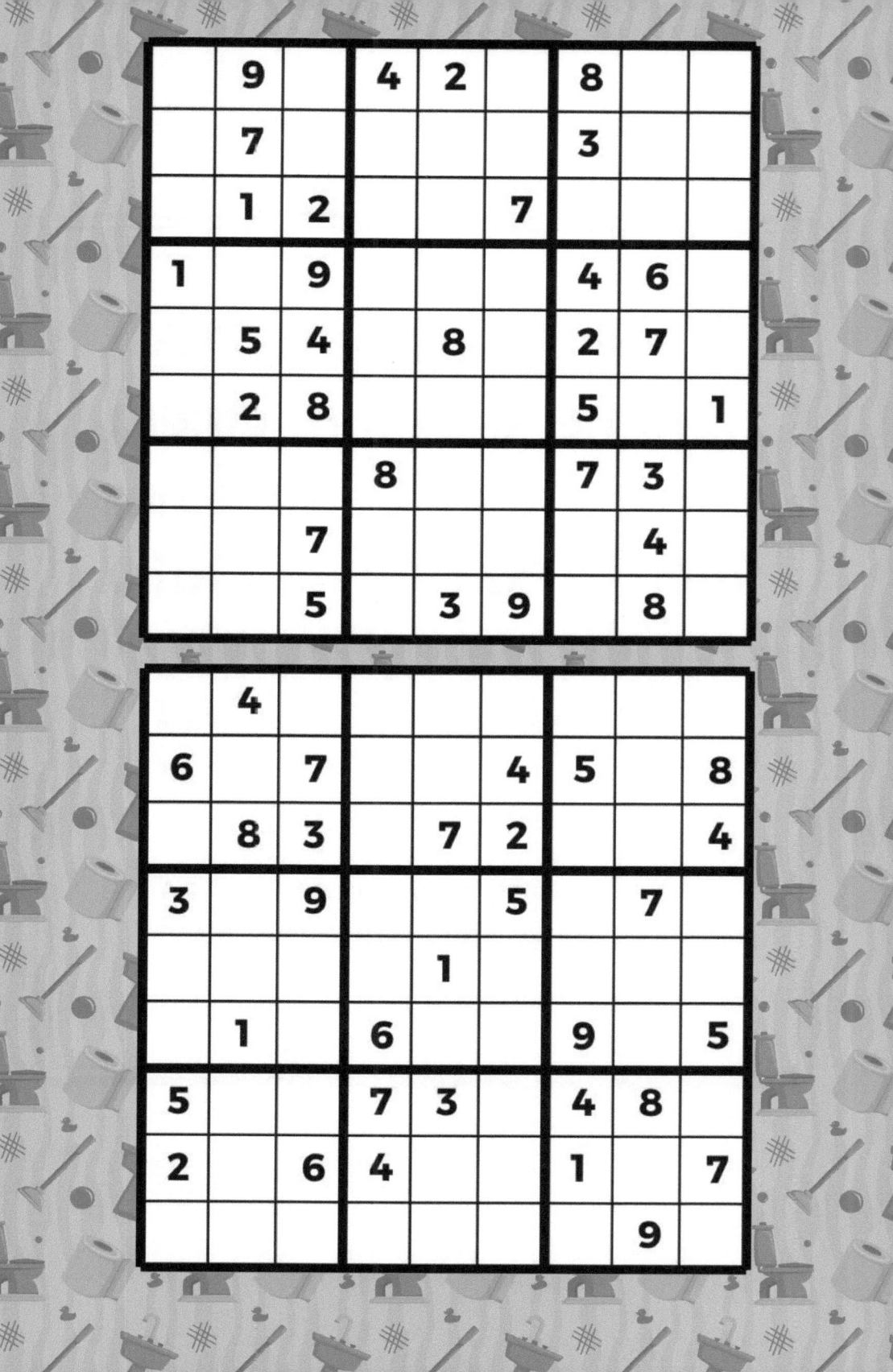

Zwei Väter und zwei Söhne sitzen in einem Auto, aber es sind nur drei Personen im Auto.

Wie kann das sein?

Sie sind Großvater Vater und Sohn.

Sitzungsprotokoll

Datum:

Zeichne dein Meisterwerk

geschätztes Gewicht:

○———————○

geschätzter Durchmesser:

○———————○

Sitzungslänge:

Wie war deine Sitzung?

☐ aufregend

☐ kurios

☐ langwierig

☐ mühsam

☐ entspannt

☐

Sitzungsbewertung:

☆ ☆ ☆ ☆ ☆

Unterschrift:

Konsistenz:

☐ Sprühwurst

☐ Darm-Deluxe

☐ Briketthaufen

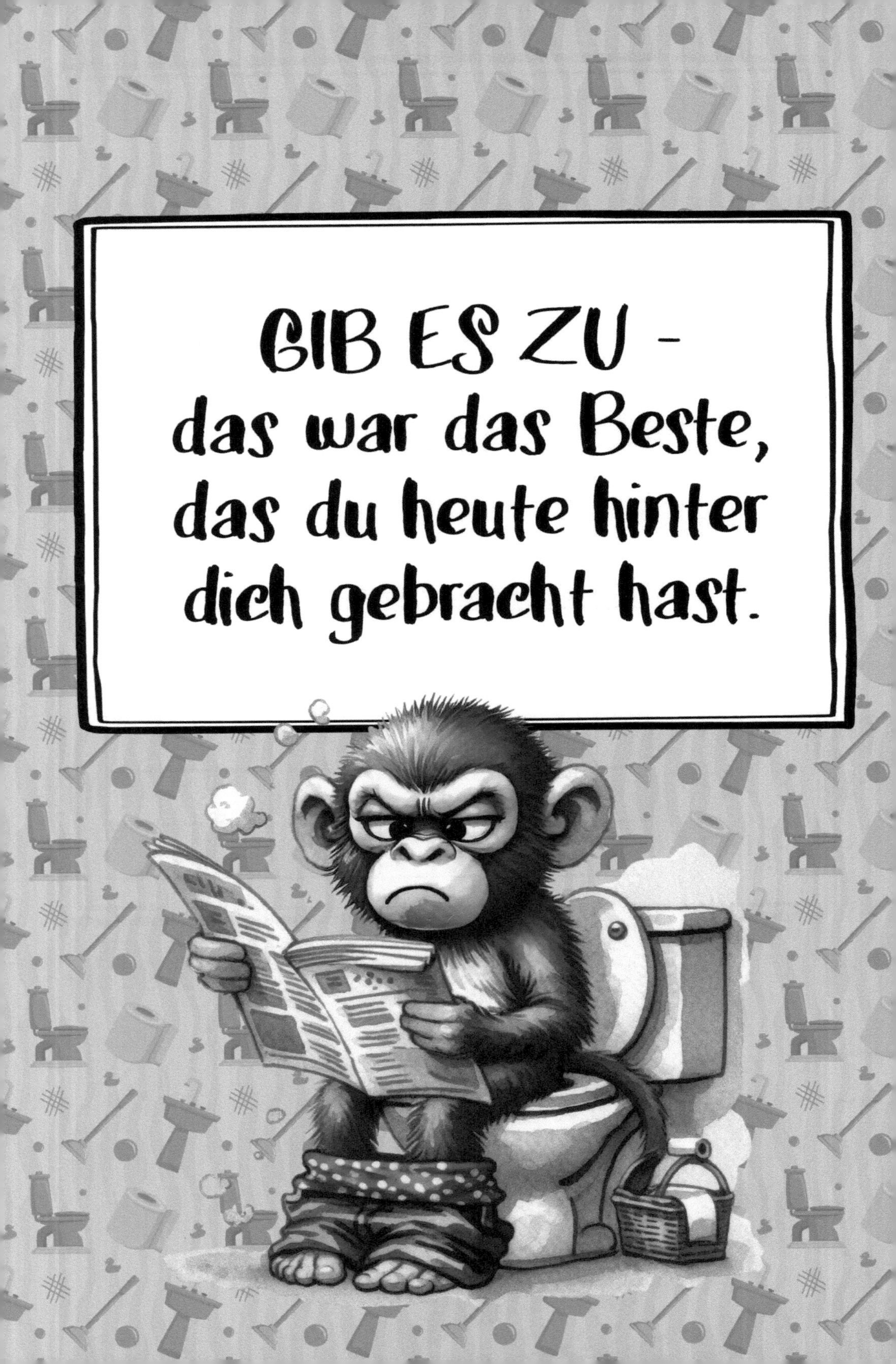
GIB ES ZU -
das war das Beste,
das du heute hinter
dich gebracht hast.

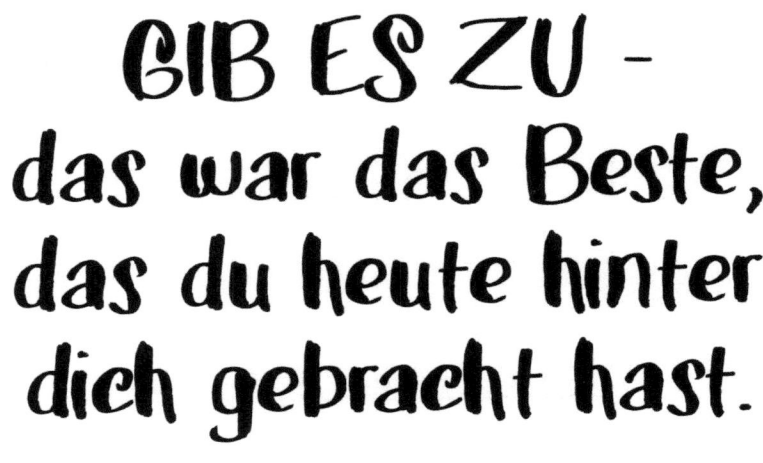

Sitzungsprotokoll

Datum:

Zeichne dein Meisterwerk

geschätztes Gewicht:

geschätzter Durchmesser:

Sitzungslänge:

Wie war deine Sitzung?

- ☐ aufregend
- ☐ kurios
- ☐ langwierig
- ☐ mühsam
- ☐ entspannt
- ☐ _____

Sitzungsbewertung:

☆ ☆ ☆ ☆ ☆

Unterschrift:

Konsistenz:

- ☐ Sprühwurst
- ☐ Darm-Deluxe
- ☐ Briketthaufen

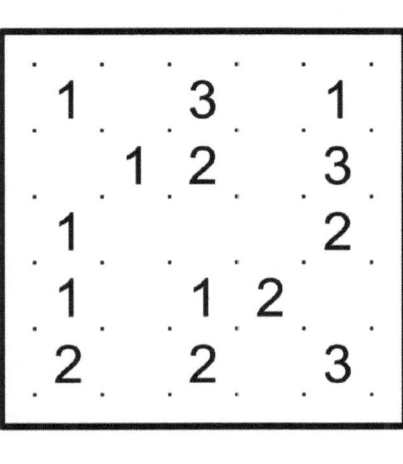

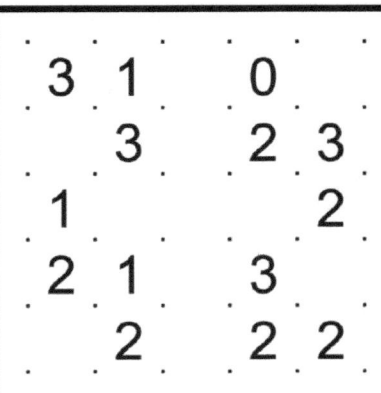

Top-left grid

```
1   3   1
  1 2   3
1       2
1   1 2
2   2   3
```

Top-right grid

```
3 1   0
  3   2 3
1       2
2 1   3
  2   2 2
```

Bottom-left grid

```
  2 1 2
  3     1
1 2 0 3 1
1     3
  2 1 2
```

Bottom-right grid

```
    1   2
1     0 1
1 1   1 1
1 1     1
2   2
```

Sitzungsprotokoll

Datum:

Zeichne dein Meisterwerk

geschätztes Gewicht:

○———————○

geschätzter Durchmesser:

○———————○

Sitzungslänge:

Wie war deine Sitzung?

☐ aufregend _____

☐ kurios _____

☐ langwierig _____

☐ mühsam _____

☐ entspannt _____

☐ _____

Sitzungsbewertung:

☆ ☆ ☆ ☆ ☆

Unterschrift:

Konsistenz:

☐ Sprühwurst _____

☐ Darm-Deluxe _____

☐ Briketthaufen _____

Puzzle 1

	3		7	4	1		6	
8		1	9					
						3	4	
		3	4		7	1		2
4		6	2		9	8		
	7	9						
					2	6		9
	6		5	9	3		2	

Puzzle 2

						2		9
4	1		2					
5				6	9		1	4
		6		5	3	9		
		3				4		
		1	6	2		5		
3	2		1	8				6
					2		5	3
8		5						

P	B	L	A	T	T	G	E	M	Ü	S	E	B	W	Y	H	K	B	Q	R
F	X	A	Q	H	G	U	E	L	C	D	Y	Y	N	V	H	X	T	E	I
L	Y	U	J	J	V	X	N	X	R	L	E	F	P	Ä	H	Q	P	F	A
A	Q	K	M	W	H	I	C	J	P	X	F	F	F	K	W	F	C	S	L
U	X	D	Y	U	P	C	I	U	W	M	C	X	V	X	Q	L	J	T	P
M	L	R	P	M	F	O	E	K	Y	Q	C	C	H	E	N	O	X	P	K
E	V	K	E	T	E	T	T	I	E	G	E	H	O	B	V	I	J	E	T
N	R	G	O	S	D	O	H	W	Z	B	C	I	K	E	T	O	J	X	Z
H	G	W	P	L	W	T	C	I	T	P	C	A	V	M	Y	J	F	W	H
J	C	X	F	F	H	R	Ü	S	L	P	W	S	U	J	N	J	E	Z	A
Y	P	H	Z	V	G	U	R	U	B	C	A	A	G	B	E	X	I	Q	S
Q	U	Q	D	L	Q	H	F	X	T	W	A	M	R	H	M	R	G	O	J
I	N	V	Z	H	Q	G	N	D	V	F	G	E	Ü	N	A	H	E	P	O
M	W	G	Q	I	Q	O	E	I	I	S	R	N	N	R	S	U	N	H	G
T	B	J	M	S	B	J	S	Y	W	B	J	X	E	E	N	F	P	D	N
V	C	F	D	O	W	X	L	S	O	F	E	U	S	J	I	U	D	U	Q
W	E	K	C	G	W	N	Ü	E	X	Z	V	Q	X	E	E	F	B	O	D
H	T	E	F	M	D	C	H	N	C	P	J	F	O	W	L	Y	I	J	X
T	U	H	M	R	H	A	B	A	R	B	E	R	Y	N	D	L	M	Z	M
J	R	L	P	I	C	Y	J	G	E	K	Y	E	G	W	Z	E	B	C	N

Lebensmittel, die abführend wirken:

1. Pflaumen _____
2. Feigen _____
3. Chiasamen _____
4. Leinsamen _____
5. Hülsenfrüchte _____
6. Grünes _____
7. Blattgemüse _____
8. Kiwis _____
9. Äpfel _____
10. Joghurt _____
11. Rhabarber _____

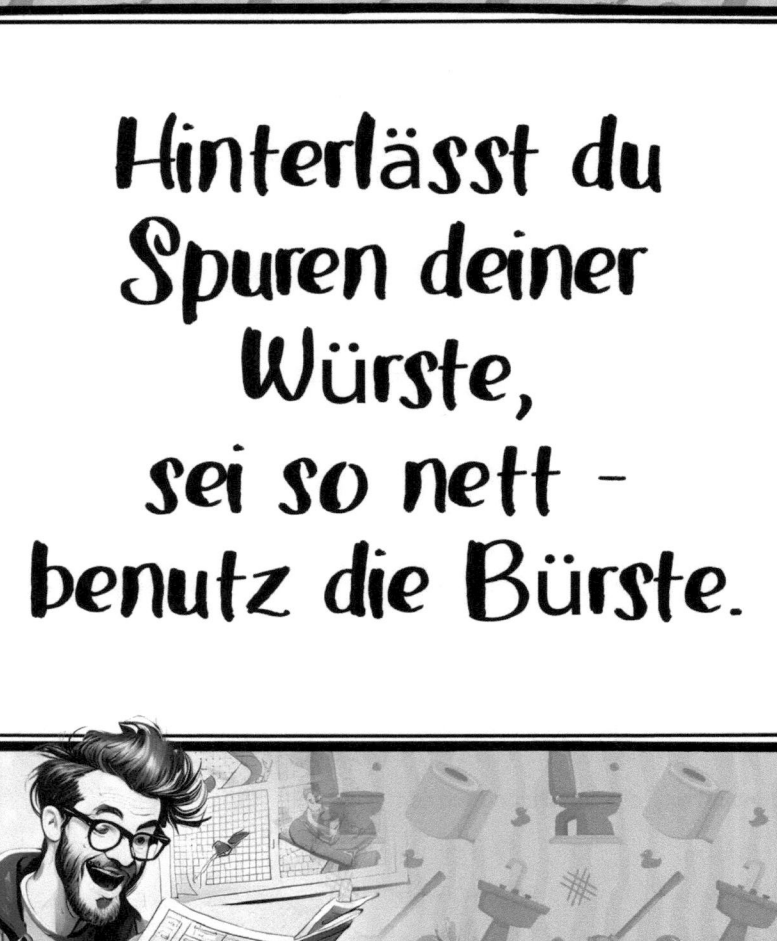

Hinterlässt du
Spuren deiner
Würste,
sei so nett -
benutz die Bürste.

Sitzungsprotokoll

Datum:

Zeichne dein Meisterwerk

geschätztes
Gewicht:

geschätzter
Durchmesser:

Sitzungslänge:

Wie war deine Sitzung?

☐ aufregend

☐ kurios

☐ langwierig

☐ mühsam

☐ entspannt

☐ _____

Sitzungsbewertung:

☆ ☆ ☆ ☆ ☆

Unterschrift:

Konsistenz:

☐ Sprühwurst

☐ Darm-Deluxe

☐ Brikethaufen

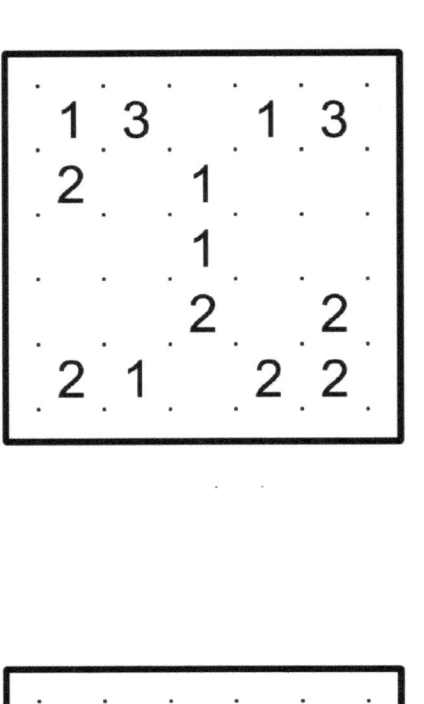

Nimm mich heraus und kratze mich am Kopf, ich bin jetzt schwarz, aber früher war ich rot.

Ein Streichholz

Sitzungsprotokoll

Datum:

Zeichne dein Meisterwerk

geschätztes Gewicht:

O————————O

geschätzter Durchmesser:

O————————O

Sitzungslänge:

Wie war deine Sitzung?

☐ aufregend

☐ kurios

☐ langwierig

☐ mühsam

☐ entspannt

☐ _____

Sitzungsbewertung:

☆ ☆ ☆ ☆ ☆

Konsistenz:

☐ Sprühwurst

☐ Darm-Deluxe

☐ Briketthaufen

Unterschrift:

Top grid

5	3					9		
			8	3				
9	2							4
8			6	9		2		1
		4	1		7	3		
6		7		2	5			9
4							1	8
				6	8			
		9					5	2

Bottom grid

6	3						5	
				9				6
2		9	6	5	8			
4	7	1						
9			5		2			8
						1	6	9
			3	4	9	2		5
3				2				
	1						9	3

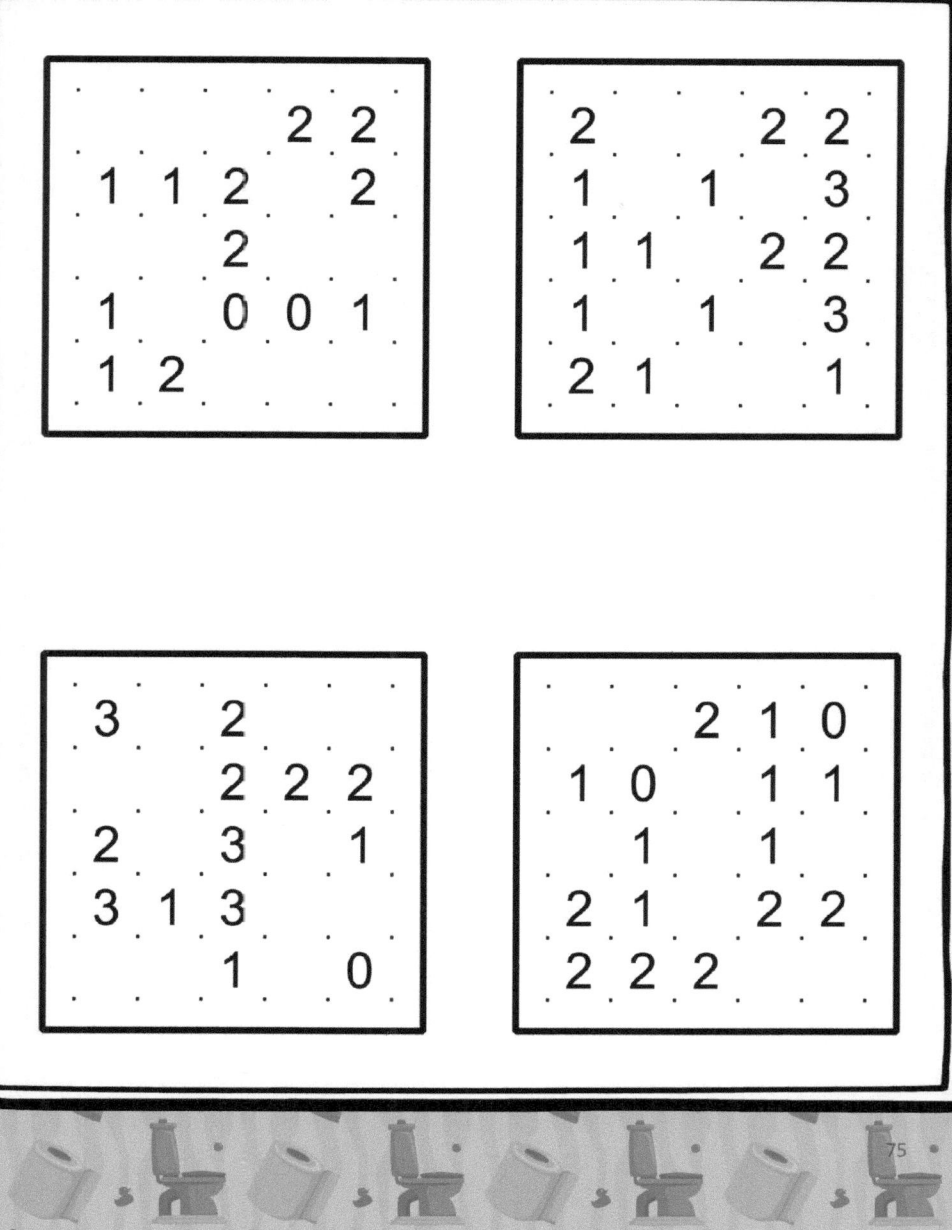

Sitzungsprotokoll

Datum:

Zeichne dein Meisterwerk

Sitzungslänge:

geschätztes Gewicht:

geschätzter Durchmesser:

Wie war deine Sitzung?

- ☐ aufregend
- ☐ kurios
- ☐ langwierig

- ☐ mühsam
- ☐ entspannt
- ☐ _____

Sitzungsbewertung:

☆ ☆ ☆ ☆ ☆

Unterschrift:

Konsistenz:

- ☐ Sprühwurst
- ☐ Darm-Deluxe
- ☐ Briketthaufen

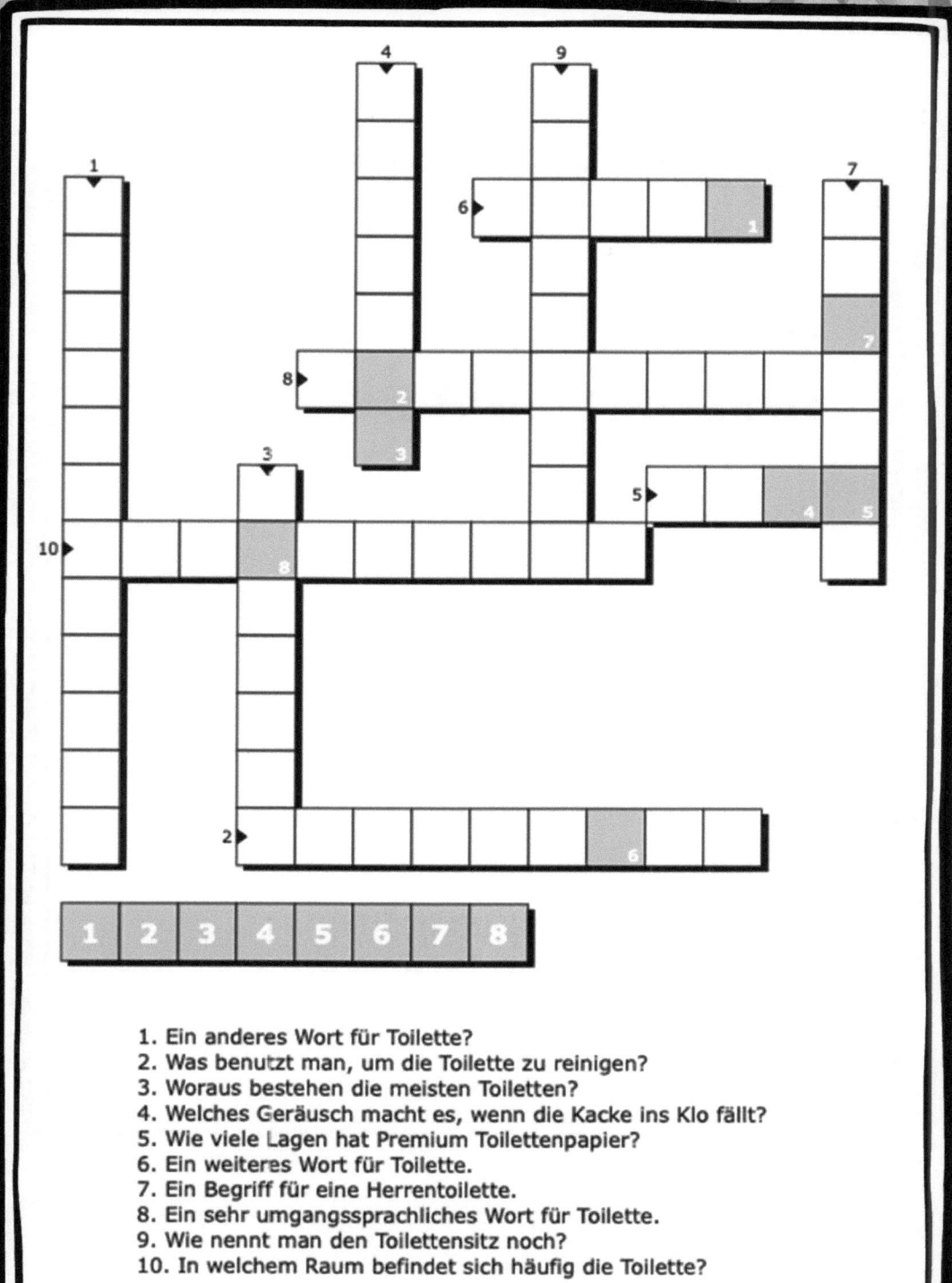

1. Ein anderes Wort für Toilette?
2. Was benutzt man, um die Toilette zu reinigen?
3. Woraus bestehen die meisten Toiletten?
4. Welches Geräusch macht es, wenn die Kacke ins Klo fällt?
5. Wie viele Lagen hat Premium Toilettenpapier?
6. Ein weiteres Wort für Toilette.
7. Ein Begriff für eine Herrentoilette.
8. Ein sehr umgangssprachliches Wort für Toilette.
9. Wie nennt man den Toilettensitz noch?
10. In welchem Raum befindet sich häufig die Toilette?

Sara hat vier Töchter, und jede ihrer Töchter hat einen Bruder.

Wie viele Kinder hat Sara?

Fünf – jede Tochter hat denselben Bruder.

Sitzungsprotokoll

Datum:

Zeichne dein Meisterwerk

geschätztes Gewicht:

○———————○

geschätzter Durchmesser:

○———————○

Sitzungslänge:

Wie war deine Sitzung?

☐ aufregend

☐ kurios

☐ langwierig

☐ mühsam

☐ entspannt

☐ _____

Sitzungsbewertung:

☆ ☆ ☆ ☆ ☆

Unterschrift:

Konsistenz:

☐ Sprühwurst

☐ Darm-Deluxe

☐ Brikethaufen

Sitzungsprotokoll

Datum:

Zeichne dein Meisterwerk ↘

geschätztes Gewicht:

○――――――○

geschätzter Durchmesser:

○――――――○

Sitzungslänge:

Wie war deine Sitzung?

☐ aufregend

☐ kurios

☐ langwierig

☐ mühsam

☐ entspannt

☐ _____

Sitzungsbewertung:

☆ ☆ ☆ ☆ ☆

Konsistenz:

☐ Sprühwurst

☐ Darm-Deluxe

☐ Briketthaufen

Unterschrift:

	1	1					2			
	3	2		3	2	1	1	4		
	1	1	4	1	3	2	2	2	3	
	1	1	2	2	2	1	2	2	4	
2 2 3										
6										
1 2 2										
1 1 1 2										
3 1										
7										
1 4										
1 2 1										
3 3										
3 4										

PISS NICHT
DANEBEN,
du altes Schwein,
der nächste könnte
Barfuss sein.

Sitzungsprotokoll

Datum:

Zeichne dein Meisterwerk

Sitzungslänge:

geschätztes Gewicht:

○────────○

geschätzter Durchmesser:

○────────○

Wie war deine Sitzung?

☐ aufregend

☐ kurios

☐ langwierig

☐ mühsam

☐ entspannt

☐ _____

Sitzungsbewertung:

☆ ☆ ☆ ☆ ☆

Unterschrift:

Konsistenz:

☐ Sprühwurst

☐ Darm-Deluxe

☐ Briketthaufen

6	9	3				5		4
	2		9		8		6	
			5					1
2					7			
	3		6		9		4	
			1					3
9					2			
	6		7		4		1	
1		8				2	7	5

	7				6			8
			9	5		4		3
1	5					6		
		9		4	8			
2	4						5	6
			6	9		2		
		5					4	1
4		1		7	3			
8			4				2	

Diese Wörter sind versteckt:

1. Sprühwurst
2. Stuhl
3. Haufen
4. Kacke
5. Exkremente
6. Schiss
7. Scheiße
8. Mist
9. Fladen
10. Hinternoutput

Sitzungsprotokoll

Datum:

Zeichne dein Meisterwerk

geschätztes Gewicht:

○———○

geschätzter Durchmesser:

○———○

Sitzungslänge:

Wie war deine Sitzung?

☐ aufregend

☐ kurios

☐ langwierig

☐ mühsam

☐ entspannt

☐ _____

Sitzungsbewertung:

☆ ☆ ☆ ☆ ☆

Unterschrift:

Konsistenz:

☐ Sprühwurst

☐ Darm-Deluxe

☐ Briketthaufen

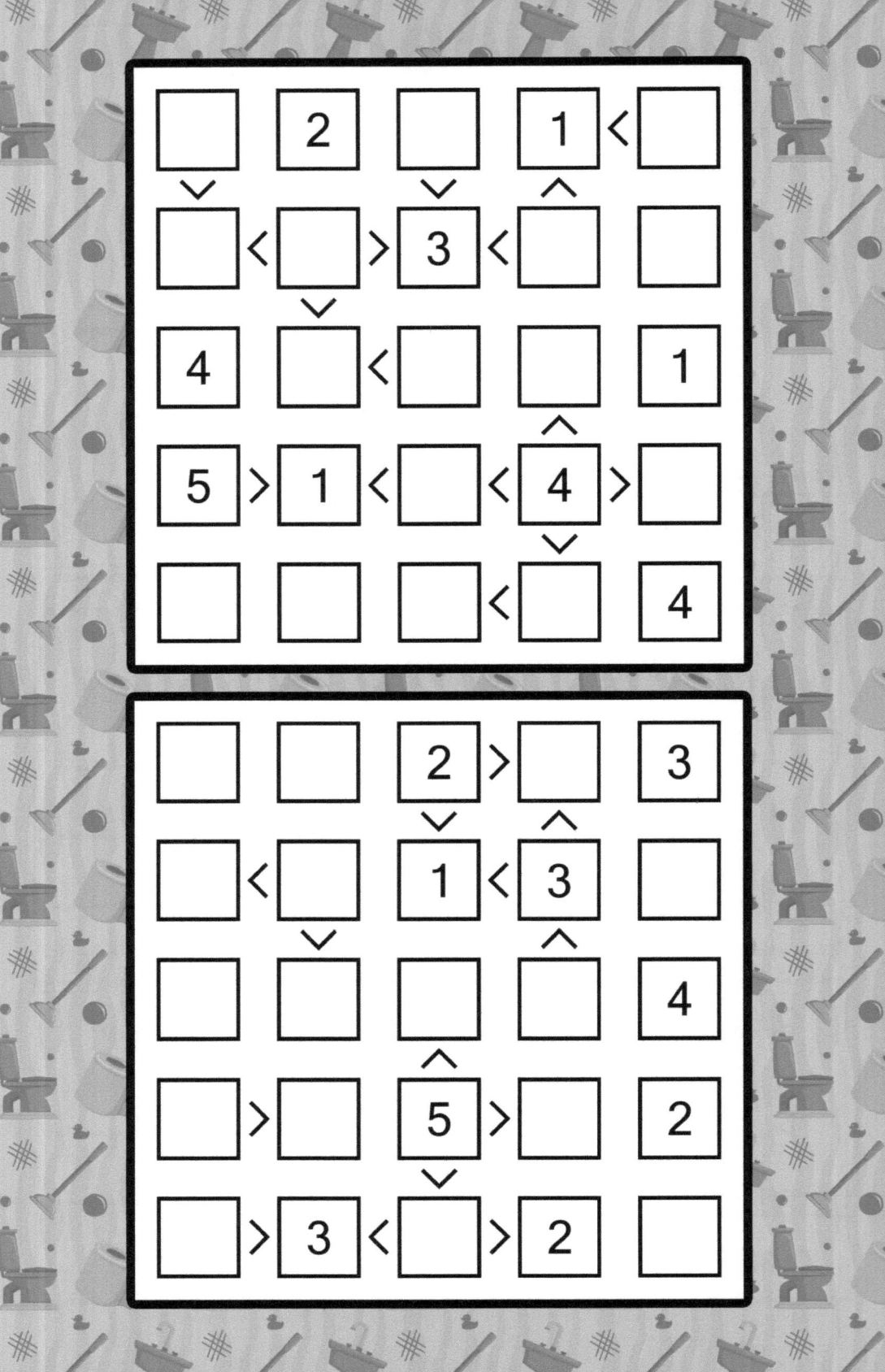

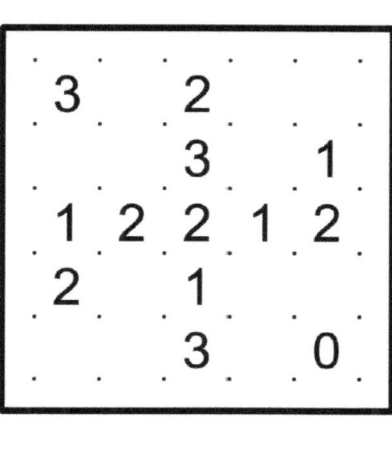

3		2		
		3		1
1	2	2	1	2
2		1		
		3		0

3			1	3
			1	
1	1	0	2	1
	0			
2	1			1

2		1	1	2
1		1	0	
1				2
	1	2		2
2	1	2		3

2		1	3	1
1	1			0
1			1	2
3	3	2		2

Für die
einen ist es
KLOPAPIER,

für die anderen
die längste
SERVIETTE
der Welt.

Sitzungsprotokoll

Datum:

Zeichne dein Meisterwerk

Sitzungslänge:

geschätztes Gewicht:

○━━━━○

geschätzter Durchmesser:

○━━━━○

Wie war deine Sitzung?

☐ aufregend

☐ kurios

☐ langwierig

☐ mühsam

☐ entspannt

☐ _____

Sitzungsbewertung:

☆☆☆☆☆

Unterschrift:

Konsistenz:

☐ Sprühwurst

☐ Darm-Deluxe

☐ Brikethaufen

Puzzle 1

		4				3		
3	5				2			
6	7	8	4					1
1		9						
5	8		1		6		9	2
						5		7
4					7	2	8	3
			3				5	9
		6				1		

Puzzle 2

1	4	2		9		6		
7					4			
6			2			9		
	3	1	4	5	7			
			3	6	1	2	5	
		4			3			9
			9					8
		9		7		4	6	3

Wenn der
KNECHT
zum
Waldrand hetzt,
war das
PLUMPSKLO
schon besetzt!

Sitzungsprotokoll

Datum:

Zeichne dein Meisterwerk

geschätztes Gewicht:

geschätzter Durchmesser:

Sitzungslänge:

Wie war deine Sitzung?

☐ aufregend

☐ kurios

☐ langwierig

☐ mühsam

☐ entspannt

☐

Sitzungsbewertung:

☆☆☆☆☆

Unterschrift:

Konsistenz:

☐ Sprühwurst

☐ Darm-Deluxe

☐ Briketthaufen

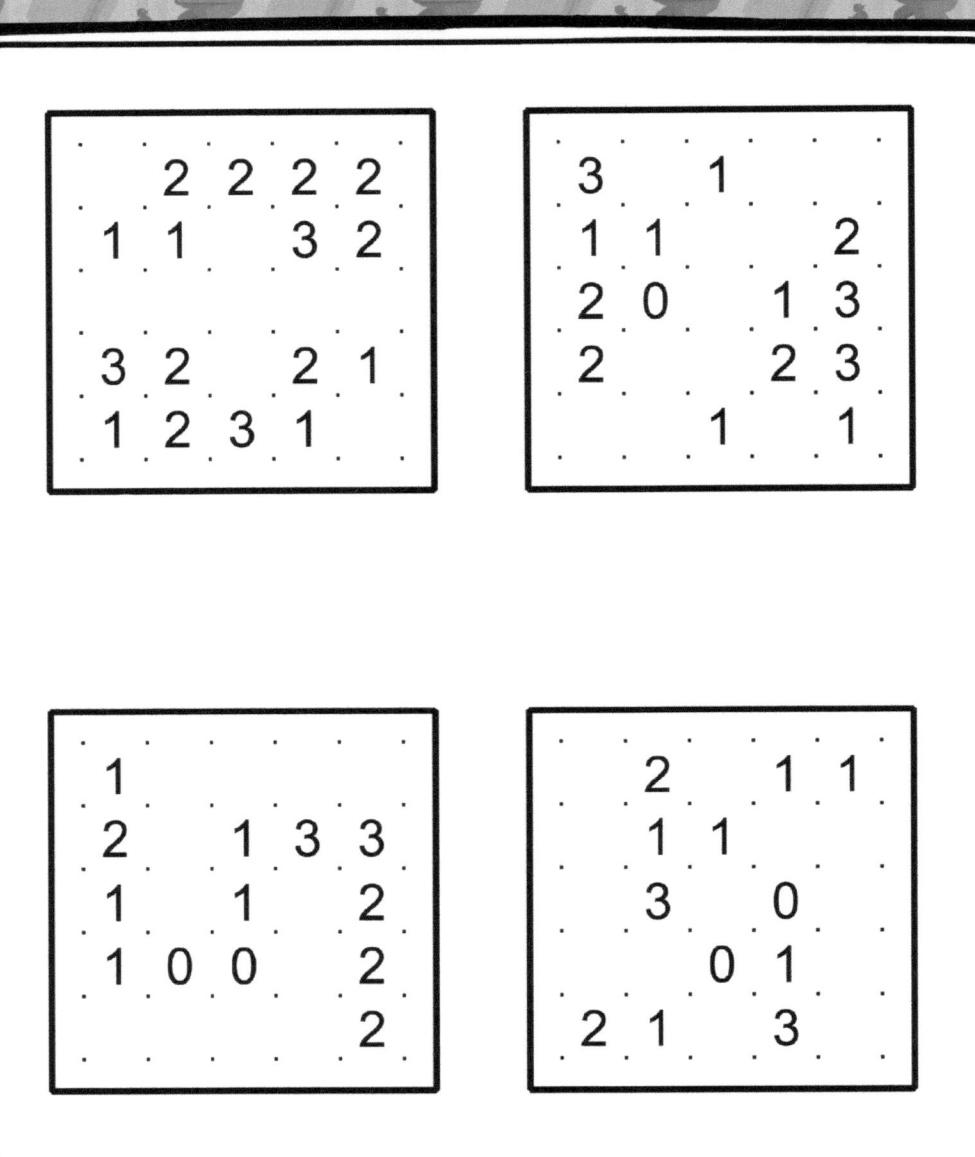

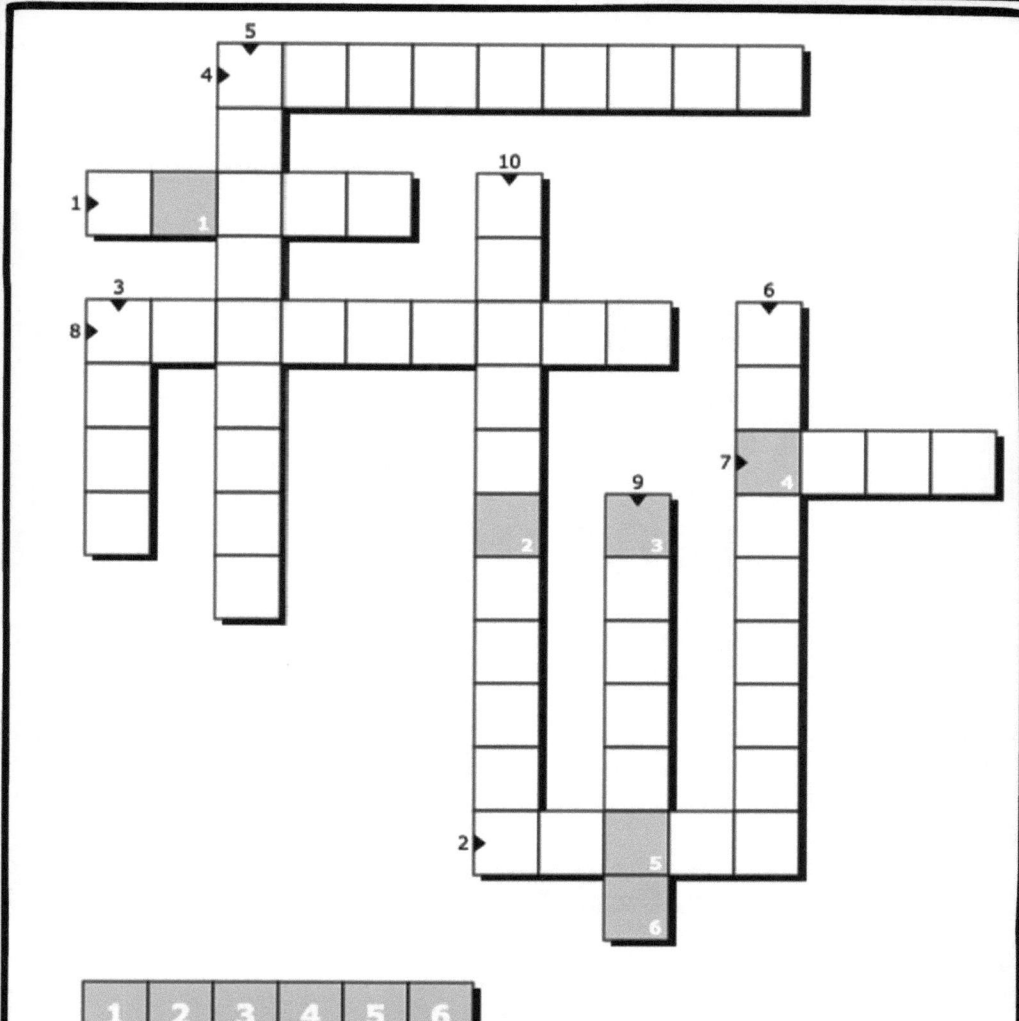

1. Welches Geräusch entsteht, wenn du abseilst?
2. Was halten die meisten Menschen beim Toilettengang in den Händen?
3. Wie viele Lagen sollte ein gutes Klopapier mindestens haben?
4. Womit schrubbt man das Klo? Mit der ...
5. Welche Brille trägt man nicht auf der Nase?
6. Was versprüht man nach einem erfolgreichen Toilettengang?
7. Ein anderes Wort für Pipi.
8. Wie nennt man flüssigen Stuhl?
9. Wie nennt man einen Toilettengang noch?
10. Aus welcher Sprache leitet sich das Wort Toilette ab?

Der MORGEN-SCHISS kommt ganz gewiss, auch wenn's erst spät am Abend ist.

Sitzungsprotokoll

Datum:

Zeichne dein Meisterwerk

Sitzungslänge:

geschätztes Gewicht:

○———————○

geschätzter Durchmesser:

○———————○

Wie war deine Sitzung?

☐ aufregend

☐ kurios

☐ langwierig

☐ mühsam

☐ entspannt

☐ _____

Sitzungsbewertung:

☆ ☆ ☆ ☆ ☆

Unterschrift:

Konsistenz:

☐ Sprühwurst

☐ Darm-Deluxe

☐ Briketthaufen

Top puzzle

	7							
1				3	4	7	8	
4		2	6	9				
		9			1	3	4	
6				8				9
	3	8	5			6		
				5	6	9		7
	2	4	1	7				5
							3	

Bottom puzzle

9	4					1	6	7
			6				2	9
		3			1			5
			1	6				
6	2						7	3
				4	7			
2			7			5		
1	7				3			
3	9	6					8	2

O	Z	E	E	D	V	E	M	S	D	L	M	H	X	Y	U	Q	I
U	P	R	G	W	N	D	A	X	I	G	A	E	P	O	S	N	T
M	V	O	Q	G	Z	M	S	E	Y	Y	W	E	P	Q	V	N	O
T	W	Y	D	G	R	V	O	D	Z	V	E	H	Z	X	V	N	N
D	J	C	E	F	Y	E	F	N	Q	N	L	E	B	Ü	R	G	G
U	S	L	S	A	T	B	N	E	R	E	I	T	I	D	E	M	J
S	W	O	S	N	E	S	Ö	D	C	V	M	Z	Q	O	Y	N	P
M	I	T	C	K	V	R	Y	G	J	M	N	E	C	O	F	E	U
G	S	O	H	K	T	Q	N	E	L	E	I	P	S	G	U	N	O
H	F	G	R	H	D	E	L	N	E	L	L	O	R	C	S	O	O
U	S	G	E	K	E	I	A	U	S	I	N	G	E	N	M	R	G
H	L	N	I	R	B	B	T	H	J	G	K	G	R	K	D	H	I
P	E	W	B	Y	X	T	P	M	I	T	V	H	B	M	W	T	B
H	S	H	E	H	Z	F	Q	B	N	C	S	U	Q	S	P	V	J
P	E	M	N	B	N	K	M	N	A	C	H	D	E	N	K	E	N
M	N	I	P	L	C	T	Y	S	X	N	V	E	S	F	T	H	X
U	D	U	H	Y	O	U	O	T	H	C	F	A	F	S	C	V	W
G	M	H	V	T	H	S	H	C	R	V	K	K	U	K	U	Y	C

Diese Wörter sind versteckt:

1 Thronen

2 Grübeln

3 Lesen

4 Dösen

5 Scrollen

6 Spielen

7 Nachdenken

8 Schreiben

9 Singen

10 Meditieren

Sitzungsprotokoll

Datum:

Zeichne dein Meisterwerk

geschätztes Gewicht:

geschätzter Durchmesser:

Sitzungslänge:

Wie war deine Sitzung?

☐ aufregend

☐ kurios

☐ langwierig

☐ mühsam

☐ entspannt

☐ _____

Sitzungsbewertung:

☆ ☆ ☆ ☆ ☆

Unterschrift:

Konsistenz:

☐ Sprühwurst

☐ Darm-Deluxe

☐ Briketthaufen

3						8		
8		2	4				7	
		5	7		8	9	1	
9		4	6					
			5		4			
					1	4		9
	4	6	2		3	5		
	9				7	2		1
		1						6

	7					5	6	
6		9		4				
		4	6	1	2			9
		1	3			9		7
9		8			1	4		
3			8	9	6	7		
				5		1		8
	2	7					9	

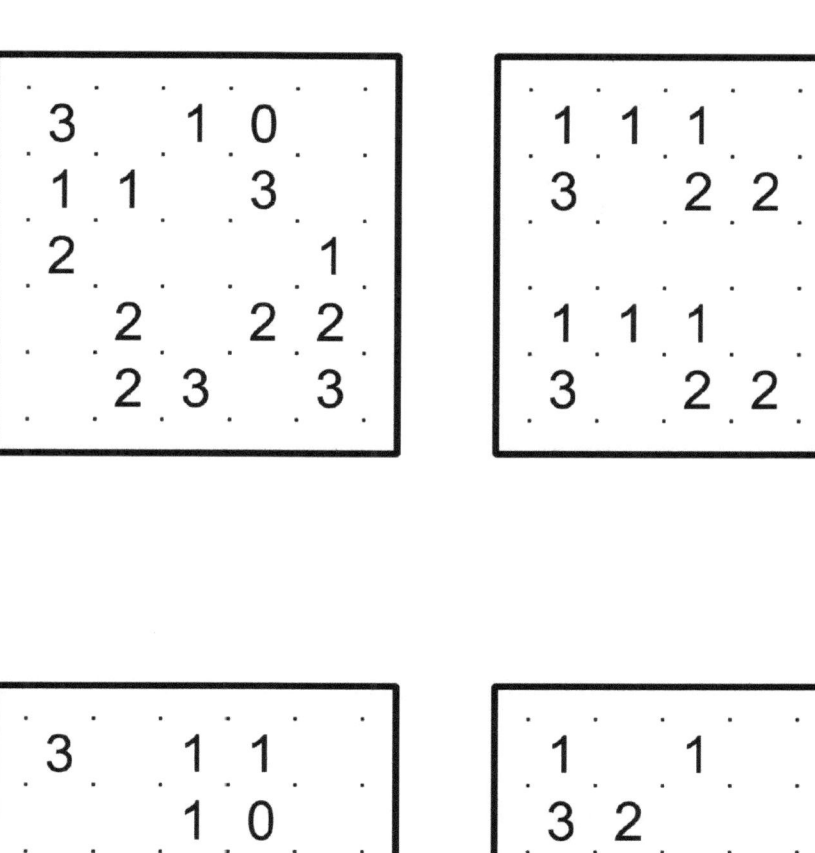

LIEBE
geht durch
den Magen-
PILS durch die
Blase.

Sitzungsprotokoll

Datum:

Zeichne dein Meisterwerk

geschätztes Gewicht:

geschätzter Durchmesser:

Sitzungslänge:

Wie war deine Sitzung?

☐ aufregend

☐ kurios

☐ langwierig

☐ mühsam

☐ entspannt

☐

Sitzungsbewertung:

☆ ☆ ☆ ☆ ☆

Konsistenz:

☐ Sprühwurst

☐ Darm-Deluxe

☐ Briketthaufen

Unterschrift:

Du betrittst einen Raum, in dem sich ein Streichholz, eine Petroleumlampe, eine Kerze und ein Kamin befinden.

Was würdest du zuerst anzünden?

Das Streichholz

Sitzungsprotokoll

Datum:

Zeichne dein Meisterwerk

geschätztes Gewicht:

○━━━━━○

geschätzter Durchmesser:

○━━━━━○

Sitzungslänge:

Wie war deine Sitzung?

☐ aufregend

☐ kurios

☐ langwierig

☐ mühsam

☐ entspannt

☐ _____

Sitzungsbewertung:

☆ ☆ ☆ ☆ ☆

Unterschrift:

Konsistenz:

☐ Sprühwurst

☐ Darm-Deluxe

☐ Briketthaufen

Puzzle 1

		7	6				9	
1								2
	9		4		8			
	7	3			2	8		5
5			3		6			7
4		2	5			6	3	
			9		3		6	
9								8
	2				5	9		

Puzzle 2

		2		3	9	5		
5			1	6	8	2	7	
						9		
	1				6			
	9	5				1	4	
			4				8	
		3						
	2	7	8	4	1			3
		1	5	2		4		

Ach wie
gut dass
NIEMAND
weiß,
auf wenn und
was ich alles
SCHEISS.

Sitzungsprotokoll

Datum:

Zeichne dein Meisterwerk

geschätztes Gewicht:

geschätzter Durchmesser:

Sitzungslänge:

Wie war deine Sitzung?

- ☐ aufregend
- ☐ kurios
- ☐ langwierig

- ☐ mühsam
- ☐ entspannt
- ☐ _____

Sitzungsbewertung:

☆ ☆ ☆ ☆ ☆

Unterschrift:

Konsistenz:

- ☐ Sprühwurst
- ☐ Darm-Deluxe
- ☐ Briketthaufen

Puzzle 1

6						4		
	8			3	7			5
		5	1				3	
2			4			1	6	7
			8		1			
1	5	9			6			8
	7				8	5		
5			6	4			8	
		1						6

Puzzle 2

3				5	7			
	8				9	5	2	
		5	6			8		3
						1		6
	6	8		1		9	7	
4		3						
5		7			1	4		
	4	6	2				9	
			3	6				5

Sitzungsprotokoll

Datum:

Zeichne dein Meisterwerk

geschätztes Gewicht:

○━━━━━━○

geschätzter Durchmesser:

○━━━━━━○

Sitzungslänge:

Wie war deine Sitzung?

☐ aufregend

☐ kurios

☐ langwierig

☐ mühsam

☐ entspannt

☐ _____

Sitzungsbewertung:

☆ ☆ ☆ ☆ ☆

Konsistenz:

☐ Sprühwurst

☐ Darm-Deluxe

☐ Briketthaufen

Unterschrift:

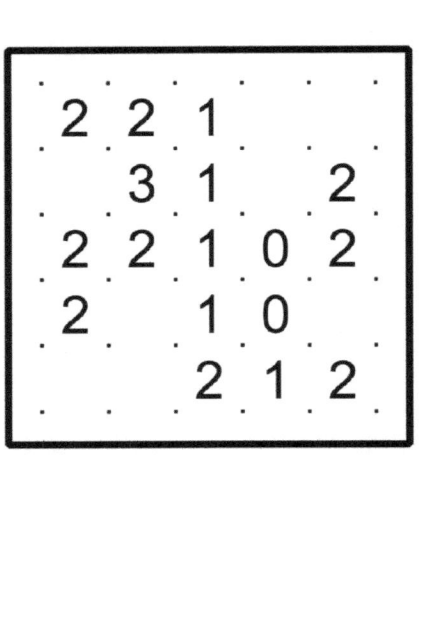

```
  2 2 1
    3 1     2
  2 2 1 0 2
  2   1 0
      2 1 2
```

```
  1 3 3 2
        0
  1 2   1 1
    2
    2 3 2 1
```

```
    1 3 1 1
  1   3 1 3

  1 2 2   2
  0 1 2 2
```

```
    1 1     3
  1     3
    3   1
    1       1
  0     3 3
```

Was kannst du in deiner rechten Hand halten, aber niemals in deiner linken?

Deine linke Hand

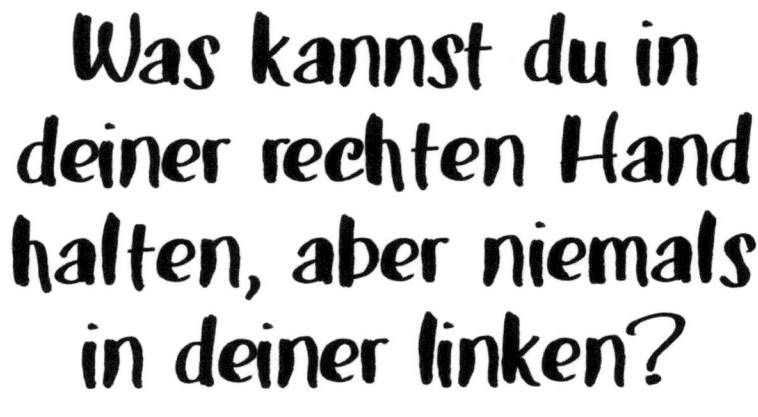

Sitzungsprotokoll

Datum:

Zeichne dein Meisterwerk

geschätztes
Gewicht:

○———○

geschätzter
Durchmesser:

○———○

Sitzungslänge:

Wie war deine Sitzung?

☐ aufregend _____

☐ kurios _____

☐ langwierig _____

☐ mühsam _____

☐ entspannt _____

☐ _____

Sitzungsbewertung:

☆ ☆ ☆ ☆ ☆

Konsistenz:

☐ Sprühwurst _____

☐ Darm-Deluxe _____

☐ Brikethaufen _____

Unterschrift:

Puzzle 1

	2				3			5
6	7			4		8		
		9		2			1	
1		3		8			4	
		8		7		5		
	9			5		1		6
	4			1		3		
		6		9			5	2
7			2				9	

Puzzle 2

1			9			4		
8			7		4	9		3
		2	6	8		5		
2	6							
5								8
							3	4
		1		7	9	3		
3		4	8		6			5
		5			1			7

I	R	B	R	U	Y	Q	I	J	U	W	J	C	U	S	K	F
W	V	G	N	B	A	N	A	N	E	N	W	R	S	T	H	H
R	H	T	I	M	Y	F	I	M	H	C	S	I	E	L	F	O
Q	O	L	N	C	I	I	O	F	N	I	M	L	M	F	R	A
M	T	Q	S	M	F	M	Y	V	J	A	M	N	M	N	E	E
S	L	W	T	I	W	L	F	E	P	T	R	Y	O	C	I	J
E	Z	M	S	L	P	D	N	Q	E	T	T	T	F	L	S	S
E	B	S	G	C	U	O	M	W	E	H	G	L	B	S	M	W
H	I	D	D	H	D	D	A	K	V	M	W	P	I	C	M	N
M	J	X	Y	P	V	L	C	S	O	D	E	V	F	H	X	D
G	T	G	E	R	X	G	S	T	K	P	I	O	E	O	G	P
H	N	M	P	O	P	Y	W	E	T	O	S	X	L	K	E	Z
I	F	U	A	D	O	D	O	G	V	M	S	X	E	O	B	H
D	R	F	S	U	X	J	M	H	J	M	B	I	H	L	Ä	X
W	D	G	T	K	X	E	V	U	C	E	R	X	W	A	C	C
S	N	G	A	T	B	K	Q	C	X	S	O	V	Q	D	K	F
N	V	U	I	E	J	Y	C	E	H	U	T	S	R	E	W	A

Lebensmittel, die Verstopfungen hervorrufen können:

1. Weißbrot
2. Reis
3. Pasta
4. Schokolade
5. Milchprodukte
6. Fleisch
7. Gebäck
8. Pommes
9. Bananen

Sitzungsprotokoll

Datum:

Zeichne dein Meisterwerk

geschätztes Gewicht:

○———————○

geschätzter Durchmesser:

○———————○

Sitzungslänge:

Wie war deine Sitzung?

☐ aufregend _____

☐ kurios _____

☐ langwierig _____

☐ mühsam _____

☐ entspannt _____

☐ _____

Sitzungsbewertung:

☆ ☆ ☆ ☆ ☆

Unterschrift:

Konsistenz:

☐ Sprühwurst _____

☐ Darm-Deluxe _____

☐ Briketthaufen

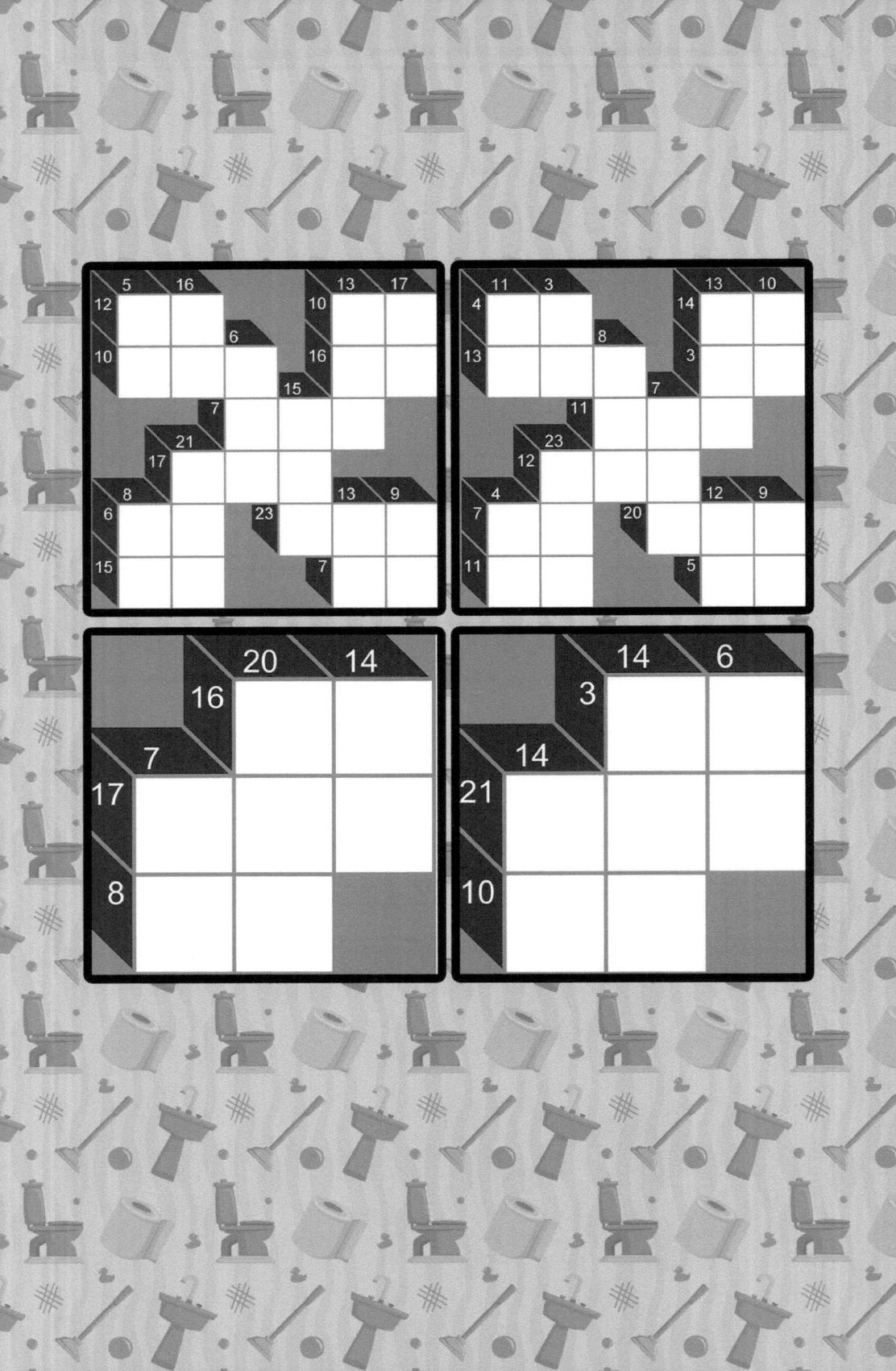

Sitzungsprotokoll

Datum:

Zeichne dein Meisterwerk

geschätztes Gewicht:

○————————○

geschätzter Durchmesser:

○————————○

Sitzungslänge:

Wie war deine Sitzung?

☐ aufregend

☐ kurios

☐ langwierig

☐ mühsam

☐ entspannt

☐ _____

Sitzungsbewertung:

☆ ☆ ☆ ☆ ☆

Unterschrift:

Konsistenz:

☐ Sprühwurst

☐ Darm-Deluxe

☐ Briketthaufen

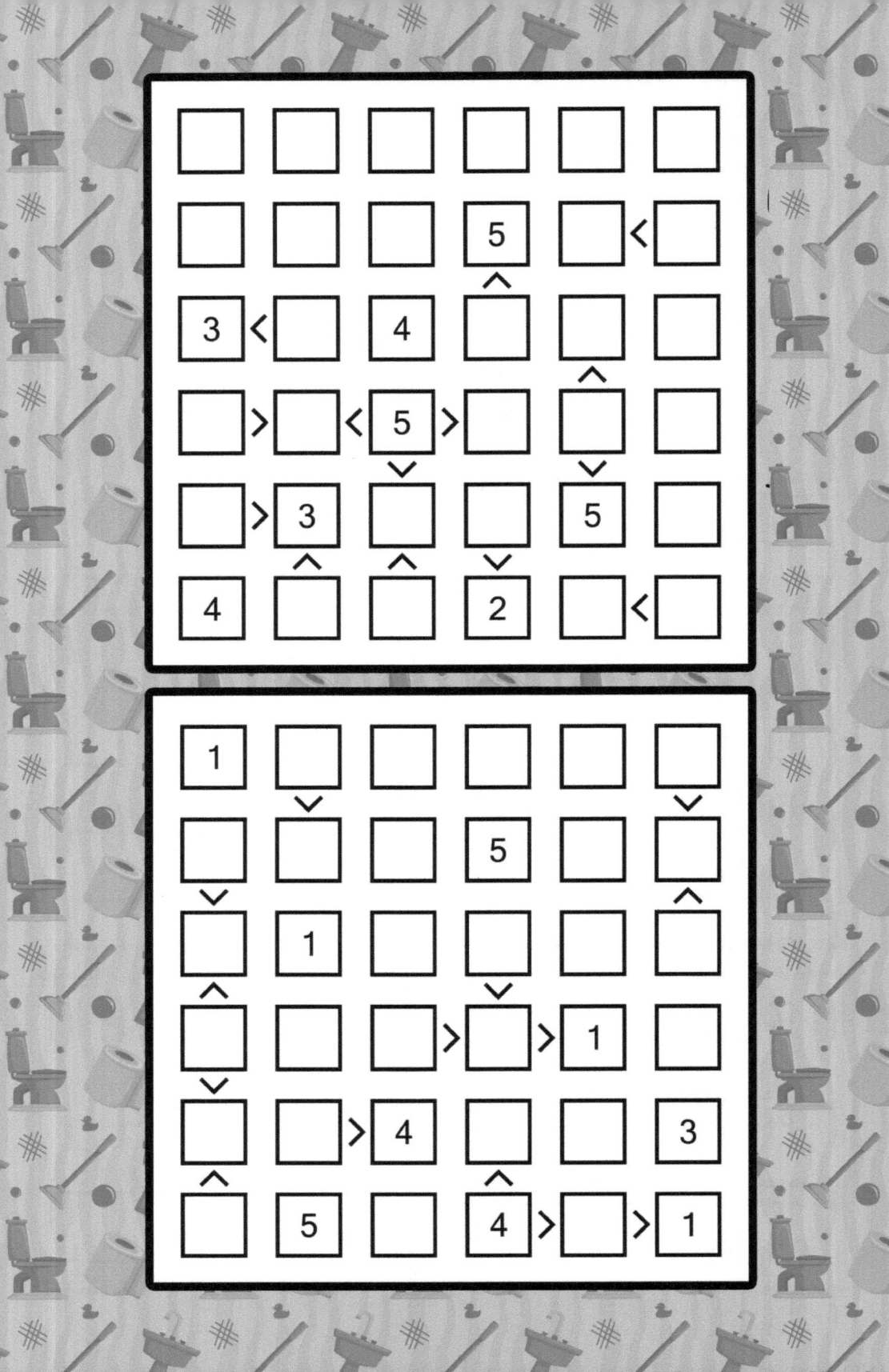

Wer im GLASHAUS sitzt, sollte im Keller pinkeln.